JOSEMARIA ESCRIVÁ

AMAR O MUNDO APAIXONADAMENTE

(Homilia, 8 de outubro de 1967)

4ª edição

Tradução
Emérico da Gama

@editoraquadrante
@editoraquadrante
@quadranteeditora
Quadrante

QUADRANTE

São Paulo
2023

Título original
Amar al mundo apasionadamente

Copyright © 2021 by Fundación Studium

Capa
Gabriela Haeitmann

Dados Internacionais de Catalogação na Publicação (CIP)

Escrivá de Balaguer, Josemaria, Santo, 1902-1975
  Amar o mundo apaixonadamente / Josemaria Escrivá; com prólogo de Javier Echevarría e uma análise de Pedro Rodríguez; tradução de Emérico da Gama — 4ª ed. — São Paulo: Quadrante, 2023.

  ISBN: 978-85-7465-544-4

  1. Escrivá de Balaguer, Josemaria, 1902-1975 2. Igreja Católica - Sermões I. Echevarría, Javier. II. Rodríguez, Pedro III. Título

CDD-252.02

Índice para catálogo sistemático:
1. Sermões : Igreja Católica : Cristianismo 252.02

Todos os direitos reservados a
QUADRANTE EDITORA
Rua Bernardo da Veiga, 47 - Tel.: 3873-2270
CEP 01252-020 - São Paulo - SP
www.quadrante.com.br / atendimento@quadrante.com.br

SUMÁRIO

NOTA DO EDITOR 5

PRÓLOGO 7

AMAR O MUNDO APAIXONADAMENTE 13

UMA VIDA SANTA NO MEIO
   DA REALIDADE SECULAR 43

NOTA DO EDITOR

Este livro é uma nova edição da célebre homilia pronunciada por São Josemaria Escrivá no campus da Universidade de Navarra e que esta editora publicou dentro do livro Entrevistas com Mons. Josemaria Escrivá.

Como o resto da obra publicada do autor, Entrevistas com Mons. Josemaria Escrivá *tem uma numeração marginal de parágrafos que passou para todas as edições e traduções do texto e é já referência universal para citar as diversas passagens. À homilia* Amar o mundo apaixonadamente *pertencem os números. 113-123, que mantemos agora para comodidade do leitor.*

Na presente edição, a homilia é precedida de um prólogo que Mons. Javier Echevarría, prelado do Opus Dei de 1994 a 2016, teve a delicadeza de escrever e que lhe agradecemos vivamente. Depois da homilia, incluímos o texto de uma conferência pronunciada pelo prof. Pedro Rodríguez em 2003 na Universidade de Navarra e que constitui um estudo analítico da homilia e um guia para a sua leitura atual.

PRÓLOGO

É com muita alegria que escrevo estas linhas para a edição especial da homilia *Amar o mundo apaixonadamente*, preparada por ocasião do 40º aniversário do dia em que foi pronunciada por São Josemaria Escrivá, a 8 de outubro de 1967.

Já em ocasiões anteriores, o Fundador do Opus Dei havia tido reuniões com grupos muito numerosos de pessoas na Universidade de Navarra; concretamente em 1960, quando essa Universidade foi erigida, com a participação da Conferência episcopal espanhola e outras autoridades eclesiásticas — entre elas, o Núncio de Sua

Santidade João XXIII — e civis, e em 1964, a propósito da constituição da Associação de Amigos e da sua I Assembleia Geral. Em 1967, iria celebrar-se a II Assembleia, a que assistiriam milhares de pessoas procedentes de várias nações europeias.

São Josemaria Escrivá pensou que era um momento oportuno para expor profundamente a doutrina sobre a atuação dos fiéis leigos na Igreja e na sociedade civil. Esperava-se a participação de um público variadíssimo, previa-se uma ampla cobertura informativa, e aquelas palavras podiam ter grande repercussão na opinião pública.

O Fundador do Opus Dei preparou essa homilia com muito interesse. Revisou-a várias vezes, afinando as ideias e polindo o estilo. Durante o verão, quis que fosse lida previamente diante de um reduzido grupo de pessoas. Seguia a leitura com grande atenção, como se se tratasse de um texto alheio, desejoso de chegar ao coração e à mente dos que iam escutá-lo em Pamplona. Esse texto, plenamente impregnado dos ensinamentos do Concílio Vaticano II e do espírito do Opus Dei, foi considerado por muitos comentaristas como a *carta magna* dos leigos.

Muito se escreveu nestes quarenta anos acerca dos fiéis leigos, do seu papel na sociedade civil e na sociedade eclesial. Esta homilia de São Josemaria não só conserva o frescor e a força originais, mas mostra-se mais atual que nunca. O Fundador do Opus Dei não se limita a enunciar umas afirmações mais ou menos suscetíveis de serem compartilhadas, mas apresenta o fruto de uma elaboração teológico-pastoral baseada no Magistério da Igreja e numa experiência de decênios. Não em vão vinha ele difundindo e pondo em prática essa doutrina desde o dia 2 de outubro de 1928, data fundacional do Opus Dei.

Talvez agora o ambiente civil e eclesial esteja mais preparado que em 1967 para acolher o conteúdo desta homilia e entender mais a fundo as suas consequências práticas. Repare o leitor, por exemplo, nos parágrafos sobre a *unidade de vida* do cristão, ou sobre as características de uma verdadeira *mentalidade laical*, que aqui se encontram. Também neste escrito, como em outros campos, São Josemaria se demonstrou um precursor.

Peço a Deus Nosso Senhor, por intercessão da Santíssima Virgem, que o conhecimento deste texto leve muitos cristãos a encarar seriamente a sua chamada para a santidade nas circunstâncias normais da vida, acolhendo os ensinamentos de São Josemaria.

+ Javier Echevarría
Prelado do Opus Dei (1994-2016)
Roma, 8 de outubro de 2007

AMAR O MUNDO
APAIXONADAMENTE*

113. Acabam de escutar a leitura solene dos dois textos da Sagrada Escritura correspondentes à Missa do XXI domingo depois de Pentecostes. Tendo ouvido a Palavra de Deus, ficam já situados no âmbito em que querem mover-se as palavras que agora vou dizer: palavras de sacerdote, pronunciadas perante uma grande família de filhos de Deus na sua Igreja Santa. Palavras, portanto, que desejam ser sobrenaturais, pregoeiras da grandeza

---

(*) Homilia proferida durante a Missa celebrada no campus da Universidade de Navarra, em 8.10.1967.

de Deus e das suas misericórdias para com os homens: palavras que a todos preparem para a impressionante Eucaristia que hoje celebramos no campus da Universidade de Navarra.

Considerem por alguns instantes o fato que acabo de mencionar. Celebramos a Sagrada Eucaristia, o sacrifício sacramental do Corpo e Sangue do Senhor, esse mistério de fé que reúne em si todos os mistérios do Cristianismo. Celebramos, portanto, a ação mais sagrada e transcendente que os homens, pela graça de Deus, podem realizar nesta vida. Comungar no Corpo e no Sangue do Senhor vem a ser, em certo sentido, como que desligar-nos dos nossos liames de terra e de tempo, para estarmos já com Deus no Céu, onde o próprio Cristo nos enxugará as lágrimas dos olhos e onde não haverá morte, nem pranto, nem gritos de fadiga, porque o mundo velho já terá terminado[1].

Esta verdade tão consoladora e profunda, este significado escatológico da Eucaristia, como os teólogos costumam denominá-lo, poderia, no entanto, ser mal entendido: e assim aconteceu sempre que se quis apresentar a existência cristã como algo unicamente *espiritual* — isto é, espiritualista —, próprio de pessoas *puras*, extraordinárias, que não se misturam com as coisas desprezíveis deste mundo ou que, quando muito, as toleram como algo necessariamente justaposto ao espírito, enquanto aqui vivemos.

Quando se veem as coisas deste modo, o templo converte-se, por antonomásia, no lugar da vida cristã; e, nessa altura, ser cristão é ir ao templo,

---

(1) Cf. Ap 21, 4.

participar de cerimônias sagradas, incrustar-se numa sociologia eclesiástica, numa espécie de *mundo* segregado, que se apresenta a si mesmo como a antecâmara do céu, enquanto o mundo comum vai percorrendo o seu próprio caminho. Assim, a doutrina do Cristianismo, a vida da graça, andariam como que roçando o buliçoso avançar da história humana, mas sem se encontrarem com ele.

Nesta manhã de outubro, enquanto nos preparamos para adentrar-nos no memorial da Páscoa do Senhor, respondemos simplesmente *não!* a essa visão deformada do Cristianismo. Reparem, por um momento, em como está emoldurada a nossa Eucaristia, a nossa Ação de Graças: encontramo-nos num templo singular; poderia dizer-se que a nave é o campus universitário; o retábulo, a Biblioteca da

Universidade; além, as máquinas que levantam novos edifícios; e, por cima, o céu de Navarra...

Não será que esta enumeração vem confirmar, de uma forma plástica e inesquecível, que a vida corrente é o verdadeiro *lugar* da existência cristã? Meus filhos: aí onde estão os nossos irmãos, os homens, aí onde estão as nossas aspirações, o nosso trabalho, os nossos amores, aí está o lugar do nosso encontro cotidiano com Cristo. É no meio das coisas mais materiais da terra que nós devemos santificar-nos, servindo a Deus e a todos os homens.

114. Tenho-o ensinado constantemente com palavras da Escritura Santa: o mundo não é ruim, porque saiu das mãos de Deus, porque é criatura dEle, porque Javé olhou para ele e viu

que era bom[2]. Nós, os homens, é que o fazemos ruim e feio, com os nossos pecados e as nossas infidelidades. Não duvidem, meus filhos: qualquer modo de evasão das honestas realidades diárias é para os homens e mulheres do mundo coisa oposta à vontade de Deus.

Pelo contrário, devem compreender agora — com uma nova clareza — que Deus os chama a servi-Lo *em* e *a partir* das tarefas civis, materiais, seculares da vida humana. Deus espera-nos cada dia: no laboratório, na sala de operações de um hospital, no quartel, na cátedra universitária, na fábrica, na oficina, no campo, no seio do lar e em todo o imenso panorama do trabalho. Não esqueçam nunca: há *algo* de santo, de divino, escondido nas situações

---

(2) Cf. Gn 1, 7 e segs.

mais comuns, algo que a cada um de nós compete descobrir.

Eu costumava dizer àqueles universitários e àqueles operários que me procuravam lá pela década de 30, que tinham de saber *materializar* a vida espiritual. Queria afastá-los, assim, da tentação, tão frequente então como agora, de levar uma vida dupla: a vida interior, a vida de relação com Deus, por um lado; e, por outro, diferente e separada, a vida familiar, profissional e social, cheia de pequenas realidades terrenas.

Não, meus filhos! Não pode haver uma vida dupla, não podemos ser como esquizofrênicos, se queremos ser cristãos. Há uma única vida, feita de carne e espírito, e essa é a que tem de ser — na alma e no corpo — santa e plena de Deus. Esse Deus invisível, nós O encontramos nas coisas mais visíveis e materiais.

Não há outro caminho, meus filhos: ou sabemos encontrar o Senhor na nossa vida de todos os dias, ou não O encontraremos nunca. Por isso, posso afirmar que a nossa época precisa devolver à matéria e às situações aparentemente mais vulgares o seu nobre e original sentido: pondo-as ao serviço do Reino de Deus, espiritualizando-as, fazendo delas meio e ocasião para o nosso encontro contínuo com Jesus Cristo.

115. O autêntico sentido cristão — que professa a ressurreição de toda a carne — sempre combateu, como é lógico, a *desencarnação*, sem medo de ser tachado de materialista. É lícito, portanto, falar de um *materialismo cristão*, que se opõe audazmente aos materialismos cerrados ao espírito.

O que são os sacramentos — vestígios da Encarnação do Verbo, como afirmaram os antigos — senão a mais clara manifestação deste caminho escolhido por Deus para nos santificar e levar ao Céu? Não veem que cada sacramento é o amor de Deus, com toda a sua força criadora e redentora, que se dá a nós servindo-se de meios materiais? O que é a Eucaristia — já iminente — senão o Corpo e Sangue adoráveis do nosso Redentor, que se oferece a nós através da humilde matéria deste mundo — vinho e pão —, através *dos elementos da natureza, cultivados pelo homem*, como o quis recordar o último Concílio Ecumênico?[3]

Assim se compreende, meus filhos, que o Apóstolo chegasse a escrever: *Todas as coisas são vossas, vós sois de Cristo e Cristo é de Deus*[4]. Trata-se de

---

(3) Cf. *Gaudium et spes*, 38.

(4) 1 Cor 3, 22-23.

um movimento ascendente que o Espírito Santo, difundido nos nossos corações, quer provocar no mundo: da terra até a glória do Senhor. E, para ficar bem claro que — nesse movimento — se incluía também o que parece mais prosaico, São Paulo escreveu ainda: *Quer comais, quer bebais, fazei tudo para a glória de Deus*[5].

116. Esta doutrina da Sagrada Escritura, que se encontra — como sabem — no próprio cerne do espírito do Opus Dei, deve levar-nos a realizar o trabalho com perfeição, a amar a Deus e aos homens pondo amor nas pequenas coisas da jornada habitual, descobrindo esse *algo de divino* que se encerra nos detalhes. Que bem ficam aqui aqueles versos do poeta de Castela: *Despacito, y buena letra:*

---

(5) 1 Cor 10, 31.

el hacer las cosas bien importa más que el hacerlas[6].

Eu lhes asseguro, meus filhos, que, quando um cristão desempenha com amor a mais intranscendente das ações diárias, está desempenhando algo de onde transborda a transcendência de Deus. Por isso tenho repetido, com um insistente martelar, que a vocação cristã consiste em transformar em poesia heroica a prosa de cada dia. Na linha do horizonte, meus filhos, parecem unir-se o céu e a terra. Mas não: onde de verdade se juntam é no coração, quando se vive santamente a vida diária...

Viver santamente a vida diária, como acabo de dizer. E com estas palavras

---

(6) «Devagarinho, e boa letra; que fazer as coisas bem importa mais que fazê-las». A. Machado, *Poesias completas*, CLXI. *Proverbios y cantares*, XXIV, Espasa-Calpe, Madri, 1940.

refiro-me a todo o programa dos afazeres cristãos. Portanto, deixem-se de sonhos, de falsos idealismos, de fantasias, disso que costumo chamar *mística do oxalá*: oxalá não me tivesse casado, oxalá não tivesse esta profissão, oxalá tivesse mais saúde, oxalá fosse jovem, oxalá fosse velho...; e atenham-se, pelo contrário, sobriamente, à realidade mais material e imediata, que é onde o Senhor está: *Olhai as minhas mãos e os meus pés* — disse Jesus ressuscitado —, *sou eu mesmo. Apalpai e vede que um espírito não tem carne e ossos, como vedes que eu tenho*[7].

São muitos os aspectos do ambiente secular que se iluminam a partir destas verdades. Pensem, por exemplo, na atuação que têm como cidadãos na vida civil. Um homem ciente de que

---

(7) Lc 24, 39.

o mundo — e não só o templo — é o lugar do seu encontro com Cristo ama esse mundo, procura adquirir um bom preparo intelectual e profissional, vai formando — com plena liberdade — seus próprios critérios sobre os problemas do ambiente em que se move; e, em consequência, toma as suas próprias decisões, as quais, por serem decisões de um cristão, procedem além disso de uma reflexão pessoal que tenta humildemente captar a vontade de Deus nesses detalhes pequenos e grandes da vida.

117. Mas jamais esse cristão se lembra de pensar ou dizer que desce do templo ao mundo para representar a Igreja, e que as suas soluções são as *soluções católicas* para aqueles problemas. Isso não pode ser, meus filhos! Isso seria clericalismo, *catolicismo oficial*, ou como queiram chamá-lo. Em

qualquer caso, é violentar a natureza das coisas. Há que difundir por toda a parte uma verdadeira *mentalidade laical*, que deve levar a três conclusões:

— temos que ser suficientemente honrados para arcar com a nossa própria responsabilidade pessoal;

— temos que ser suficientemente cristãos para respeitar os irmãos na fé, que propõem — em matérias de livre opinião — soluções diversas daquela que cada um sustenta;

— e temos que ser suficientemente católicos para não nos servirmos da nossa Mãe a Igreja, misturando-a em partidarismos humanos.

Já se vê claramente que, neste terreno como em todos, não poderíamos realizar esse programa de viver santamente a vida diária, se não gozássemos de toda a liberdade que nos reconhecem, simultaneamente, a Igreja e a nossa dignidade de homens e mulheres criados à imagem de Deus. Contudo, não esqueçam, meus filhos, que falo sempre de uma liberdade responsável.

Interpretem, portanto, as minhas palavras como elas são realmente: um chamado para que exerçam — diariamente!, não apenas em situações de emergência — os direitos que têm; e para que cumpram nobremente as obrigações que lhes cabem como cidadãos — na vida pública, na vida econômica, na vida universitária, na vida profissional —, assumindo com valentia todas as consequências das suas livres decisões, e arcando com o peso da correspondente independência pessoal.

E essa *mentalidade laical* cristã permitir-lhes-á fugir de toda e qualquer intolerância, de todo o fanatismo; vou dizê-lo de um modo positivo: fá-los-á conviver em paz com todos os concidadãos, e fomentará também a convivência nas diversas ordens da vida social.

118. Sei que não tenho necessidade de recordar o que, ao longo de tantos anos, venho repetindo. Esta doutrina de liberdade de cidadãos, de convivência e de compreensão, constitui parte muito importante da mensagem que o Opus Dei difunde. Será que ainda tenho de voltar a afirmar que os homens e mulheres que querem servir a Jesus Cristo na Obra de Deus são simplesmente *cidadãos iguais aos outros*, que se esforçam por viver com séria responsabilidade — até às últimas conclusões — a sua vocação cristã?

Nada distingue os meus filhos dos seus concidadãos. Em contrapartida, além da Fé, nada têm em comum com os membros das congregações religiosas. Amo os religiosos e venero e admiro as suas clausuras, os seus apostolados, o seu afastamento do mundo — o seu *contemptus mundi* —, que são *outros* sinais de santidade na Igreja. Mas o Senhor não me deu vocação religiosa, e desejá-la para mim seria uma desordem. Nenhuma autoridade na terra poderá obrigar-me a ser religioso, assim como nenhuma autoridade pode forçar-me a contrair matrimônio. Sou sacerdote secular: sacerdote de Jesus Cristo, que ama o mundo apaixonadamente.

119. Os que seguiram a Jesus Cristo comigo, pobre pecador, são: uma pequena percentagem de sacerdotes, que anteriormente exerciam uma profissão ou um ofício laical; um grande número de sacerdotes seculares de muitas dioceses do mundo — que assim confirmaram a sua obediência aos respectivos Bispos e o seu amor à diocese e a eficácia do seu trabalho diocesano —,

sempre com os braços abertos em cruz para que todas as almas lhes caibam no coração, e que estão como eu no meio da rua, no mundo, e o amam; e a grande multidão formada por homens e por mulheres — de diversas nações, de diversas línguas, de diversas raças — que vivem do seu trabalho profissional, casados a maior parte deles, solteiros muitos outros, e que, ao lado dos seus concidadãos, tomam parte na grave tarefa de tornar mais humana e mais justa a sociedade temporal: na nobre lide dos afãs diários, com responsabilidade pessoal — repito —, experimentando com os outros homens, lado a lado, êxitos e malogros, tratando de cumprir os seus deveres e de exercer os seus direitos sociais e cívicos. E tudo com naturalidade, como qualquer cristão consciente, sem mentalidade de gente seleta, fundidos na massa dos seus colegas, enquanto procuram descobrir os fulgores divinos que reverberam nas realidades mais vulgares.

Também as obras promovidas pelo Opus Dei, como associação, têm essas características eminentemente seculares: não são obras eclesiásticas. Não gozam de nenhuma representação oficial da Sagrada Hierarquia da Igreja. São obras de promoção humana, cultural, social, realizadas por cidadãos que procuram iluminá-las com as luzes do Evangelho e caldeá-las com o amor de Cristo. Um dado que pode exprimir isto com mais clareza: o Opus Dei, por exemplo, não tem nem terá jamais como missão dirigir Seminários diocesanos, onde os Bispos, *instituídos pelo Espírito Santo*[8], preparam os seus futuros sacerdotes.

---

(8) At 20, 28.

120. Em contrapartida, o Opus Dei fomenta centros de formação operária, de habilitação agrícola, de educação primária, secundária e universitária, e tantas e tão variadas atividades mais, no mundo inteiro, porque os seus anseios apostólicos — como escrevi faz muitos anos — são um mar sem praias.

Mas, para que me hei de alongar nesta matéria, se a presença dos que me escutam é de per si mais eloquente do que um longo discurso? Os Amigos da Universidade de Navarra que me escutam são parte de um povo que sabe estar comprometido no progresso da sociedade a que pertence. O seu alento cordial, a sua oração, o seu sacrifício e as suas contribuições não se inserem nos quadros de um confessionalismo católico: prestando a sua colaboração, são claro testemunho de uma reta consciência de cidadãos, preocupada com o bem comum temporal; testemunham que uma Universidade pode nascer das energias do povo e ser sustentada pelo povo.

Quero aproveitar a ocasião para agradecer uma vez mais a colaboração prestada à nossa Universidade por esta minha nobilíssima cidade de Pamplona, pela grande e forte região navarra; e pelos Amigos procedentes de toda a geografia espanhola e — digo-o com especial emoção — pelos não espanhóis, e ainda pelos não católicos e os não cristãos, que compreenderam, mostrando-o com fatos, a intenção e o espírito deste empreendimento.

A todos se deve que a Universidade seja um foco, cada vez mais vivo, de liberdade cívica, de preparação intelectual, de emulação profissional, e um estímulo para o ensino universitário. O sacrifício generoso de todos está na base deste labor universal que visa o incremento das ciências humanas, a promoção social, a pedagogia da fé.

O que acabo de enunciar foi visto com clareza pelo povo navarro, que reconhece também na sua Universidade um fator de promoção econômica da região, e especialmente de promoção social, por ter possibilitado a tantos dos seus filhos um acesso às profissões intelectuais que — de outro modo — seria árduo e, em certos casos, impossível conseguir. O discernimento do papel que a Universidade haveria de desempenhar na sua vida decerto motivou o apoio a ela dispensado por Navarra desde o início: apoio que, sem dúvida, haverá de ser de dia para dia mais amplo e entusiasta.

Continuo mantendo a esperança — porque corresponde a um critério justo e à realidade vigente em muitos países — de que um dia o Estado espanhol contribua, por sua parte, para aliviar os ônus de uma tarefa que não tem em vista proveito privado algum, pois — muito pelo contrário —, por estar totalmente votada ao serviço da sociedade, procura trabalhar com eficácia em prol da prosperidade presente e futura da nação.

121. E agora, filhos e filhas, permitam que me detenha em outro aspecto — particularmente entranhável — da vida ordinária. Refiro-me ao amor humano, ao amor limpo entre um homem e uma mulher, ao noivado, ao matrimônio. Devo dizer uma vez mais que esse santo amor humano não é algo permitido, tolerado, ao lado das verdadeiras atividades do espírito, como poderiam insinuar os falsos espiritualismos a que antes aludia. Faz quarenta anos que venho pregando,

de palavra e por escrito, exatamente o contrário; e já o vão entendendo os que não o compreendiam.

O amor que conduz ao matrimônio e à família pode ser também um caminho divino, vocacional, maravilhoso, por onde flua uma completa dedicação ao nosso Deus. Já lhes lembrei: realizem as coisas com perfeição, ponham amor nas pequenas atividades da jornada; descubram — insisto — esse *algo de divino* que nos detalhes se encerra: toda esta doutrina encontra lugar especial no espaço vital em que se enquadra o amor humano.

Já o sabem os professores, os alunos e todos os que dedicam o seu trabalho à Universidade de Navarra: eu encomendei os seus amores a Santa Maria, Mãe do Amor Formoso. E aí está a ermida que construímos com devoção, no campus universitário, para receber as orações de todos e a oblação desse maravilhoso e limpo amor, que Ela abençoa.

Não sabíeis que o vosso corpo é templo do Espírito Santo, recebido de Deus, e que não vos pertenceis?[9] Quantas vezes haverão de responder, diante da imagem da Virgem Santa, da Mãe do Amor Formoso, com uma afirmação cheia de júbilo à pergunta do Apóstolo: Sim, nós o sabemos e queremos vivê-lo com a tua ajuda poderosa, ó Virgem Mãe de Deus!

A oração contemplativa surgirá em todos sempre que meditarem nesta realidade impressionante: algo tão material como o meu corpo foi escolhido pelo Espírito Santo para estabelecer a sua morada..., não me pertenço mais a mim..., o meu corpo e a minha alma —

---

(9) 1 Cor 6, 19.

todo o meu ser — são de Deus... E essa oração há de ser rica em resultados práticos, derivados da grande consequência que o próprio Apóstolo propõe: *Glorificai a Deus no vosso corpo*[10].

122. Por outro lado, como não podem deixar de reconhecer, só entre os que compreendem e avaliam em toda a sua profundidade o que acabamos de considerar acerca do amor humano é que pode surgir essa outra compreensão inefável de que falou Jesus[11], que é puro dom de Deus e que impele a entregar o corpo e a alma ao Senhor, a oferecer-Lhe o coração indiviso, sem a mediação do amor terreno.

123. Tenho que terminar, meus filhos. Disse no começo que as minhas palavras pretendiam anunciar alguma coisa

---

(10) 1 Cor 6, 20.
(11) Cf. Mt 19, 11.

da grandeza e da misericórdia de Deus. Penso tê-lo feito, falando de viver santamente a vida ordinária: porque uma vida santa no meio da realidade secular — sem ruído, com simplicidade, com veracidade — não será porventura a manifestação mais comovente das *magnalia Dei*[12], dessas portentosas misericórdias que Deus sempre exerceu, e não deixa de exercer, para salvar o mundo?

Agora peço que se unam com o salmista à minha oração e ao meu louvor: *Magnificate Dominum mecum, et extollamus nomen eius simul*[13]; engrandecei o Senhor comigo, e enalteçamos o seu nome todos juntos. Quer dizer, meus filhos: vivamos de fé.

Tomemos o escudo da fé, o elmo da salvação e a espada do espírito, que é

---

(12) Eclo 18, 4.
(13) Salmo 33, 4.

a Palavra de Deus. Assim nos anima o Apóstolo São Paulo na Epístola aos de Éfeso[14], que faz um instante se proclamava liturgicamente.

Fé, virtude de que nós, os cristãos, tanto necessitamos, de modo especial neste ano da Fé promulgado pelo nosso amadíssimo Santo Padre o Papa Paulo VI: porque, sem a fé, falta o próprio fundamento para a santificação da vida ordinária.

Fé viva neste momento, porque nos abeiramos do *mysterium fidei*[15], da Sagrada Eucaristia; porque vamos participar desta Páscoa do Senhor, que resume e realiza as misericórdias de Deus para com os homens.

Fé, meus filhos, para confessar que, dentro de uns instantes, sobre esta ara,

---

(14) Ef 6, 11 e segs.
(15) 1 Tm 3, 9.

vai renovar-se *a obra da nossa Redenção*[16]. Fé para saborear o *Credo* e experimentar, em torno deste altar e desta Assembleia, a presença de Cristo, que nos faz *cor unum et anima una*[17], um só coração e uma só alma; e nos converte em família, em Igreja, una, santa, católica, apostólica e romana, que para nós é o mesmo que universal.

Fé, finalmente, filhas e filhos queridíssimos, para demonstrar ao mundo que tudo isto não são cerimônias e palavras, mas uma realidade divina, ao apresentar aos homens o testemunho de uma vida ordinária santificada, em Nome do Pai e do Filho e do Espírito Santo e de Santa Maria.

---

(16) Secreta do domingo IX depois de Pentecostes.
(17) At 4, 32.

UMA VIDA SANTA NO MEIO DA REALIDADE SECULAR

A homilia de São Josemaria Escrivá no campus da Universidade de Navarra: sentido e mensagem*

por Pedro Rodríguez

Por ocasião da II Assembleia Geral de Amigos da Universidade de Navarra (ADA), São Josemaria Escrivá, fundador e primeiro Grão-Chanceler

---

(*) Texto da conferência pronunciada na Aula Magna da Universidade a 18 de janeiro de 2003, na sessão organizada pela Associação de Amigos da Universidade de Navarra (ADA) (N. do E.).

desta Universidade, celebrou a Santa Missa no seu campus e pronunciou uma homilia que agora, passados quarenta anos, já podemos qualificar como histórica. Para a geração de professores, alunos e amigos que a escutaram, passou logo a ser, simplesmente, a «homilia do campus», e assim é geralmente designada nos dias de hoje. Àquela ocasião se consagram estas considerações.

1. *Recordação de um evento*

Era o domingo 8 de outubro de 1967, e a liturgia correspondia ao antigo Domingo XXI depois de Pentecostes. Josemaria Escrivá celebrou a Santa Missa ao ar livre, no altar montado junto das colunas que sustentam o pórtico do antigo Edifício das Bibliotecas. Uma multidão impressionante —

milhares de pessoas — se uniu aos Amigos naquela santa celebração, ocupando a grande esplanada enquadrada pelo Edifício Central e o das Bibliotecas. Era um dia de sol radiante. Mons. Javier Echevarría — atual Prelado do Opus Dei — e o padre Alfredo García Suárez, hoje falecido, ajudavam à Missa celebrada pelo Fundador.

Seja-me permitido evocar uma graça que o Senhor quis conceder-me: a de oficiar como diácono naquela Eucaristia. Coube-me, por conseguinte, proclamar o santo Evangelho que São Josemaria ia pregar a seguir. Sou testemunha da emoção dos seus olhos quando lhe apresentei o Livro sagrado para beijá-lo. Depois, e durante uns trinta e cinco minutos, São Josemaria leu com uma força extraordinária, devagar e pausadamente, o texto íntegro da homilia, que trazia datilografada.

Enquanto a sua voz ressoava naquela imensa catedral ao ar livre, apalpava-se o impacto que as suas palavras produziam no povo fiel. Dessa homilia conserva-se a fita magnetofónica e cinco ou seis minutos de filme, que constituem uma das melhores joias do tesouro histórico da Universidade de Navarra*.

Quero sublinhar um aspecto que, já então, me pareceu singular. Era a primeira vez — e acho que foi a única — que Josemaria Escrivá anunciava o Evangelho lendo o texto da pregação. Tinha lido discursos, mas não homilias. O seu trabalho homilético, abundantíssimo, inesquecível, sempre

---

(*) A gravação sonora da homilia foi editada com excelente qualidade por «Maiestas S.L.», sob o título *Amar al mundo apasionadamente*, Audiolibros de Maiestas, 2006 (N. do E.).

foi direto, com o livro dos Evangelhos nas mãos; quando muito, com um pequeno esquema, ou alguma ficha, para ordenar as ideias. Assim foi, por exemplo — e muitos dos senhores se lembrarão disso como outra grande ocasião —, a primeira homilia que pregou na nossa Universidade. Refiro-me à da Missa que celebrou na Catedral de Pamplona — em outubro de 1960 — a propósito da ereção do até então *Estudio General de Navarra* como Universidade, pelo papa João XXIII. Costumava trabalhar na edição ulterior de algumas das suas homilias a partir do texto de notas — taquigráficas ou não — tomadas pelos que assistiam à pregação, ou transcrito da fita magnetofônica, que depois revia para publicação. Neste caso, não foi assim. O texto estava escrito com pontos e vírgulas. São Josemaria não só trazia as folhas que leu, mas tinha querido que se imprimisse previamente o texto, que foi entregue a boa parte dos assistentes, no fim da Santa Missa. Os exemplares dessa primeira edição, impressa em Madri, são procurados há já algum tempo pelos bibliófilos.

Se menciono estes detalhes tão pequenos, é porque manifestam de algum modo o peculiar significado que o próprio Fundador do Opus Dei atribuía à «homilia do campus». Era, evidentemente, um texto que meditara muitíssimo, palavra por palavra, e que queria pronunciar precisamente na Universidade de Navarra.

Há outra consideração que devo fazer para enquadrar a nossa homilia no seu aspecto externo. Mons. Escrivá, que tinha escrito muito e constantemente, só tinha dado à luz pública uma parte muito pequena das suas obras.

Além da bela meditação sobre os mistérios do Rosário[1], o nome do Fundador do Opus Dei estava ligado no mundo inteiro, no âmbito da espiritualidade cristã, ao livro *Caminho*, o conhecido *best-seller* da espiritualidade contemporânea[2]. Ambos os escritos eram de há mais de trinta anos e estavam vazados num gênero literário completamente diverso: dialógico, meditativo, entrecortado: os célebres «pontos» de *Caminho*...[3] Agora, porém, tratava-se de um

---

(1) Vid. *Santo Rosario*, Madri, 1934 (tradução brasileira: *Santo Rosário*, 6ª ed., Quadrante, São Paulo, 2021).

(2) Agora já se dispõe da edição crítica: Josemaria Escrivá de Balaguer, *Camino*, edição crítico-histórica a cargo de Pedro Rodríguez, prólogo de Javier Echevarría, vol. 1 da Série I da «Colección de Obras Completas», Rialp, 1ª ed., Madri, 2002; 3ª edição corrigida e aumentada, 2003.

(3) É claro que nós, os membros do Opus Dei, tínhamos lido e meditado as suas *Instruções* e *Cartas*, que líamos com imensa veneração, tal como faríamos com as

texto unitário, que, na sua brevidade, abordava discursivamente aspectos nucleares de uma espiritualidade que, aos que assistiam àquela celebração dominical, lhes tinham entrado pelos poros através dos «pontos» do pequeno grande livro. Isto explica também o interesse suscitado pela homilia que comentamos[4].

---

que nos foi escrevendo até a sua morte. É um material extraordinário, que também verá a luz pública na «Colección de Obras Completas» que acabo de citar. Mas agora refiro-me às suas obras publicadas, chamemo-lo assim, em edição comercial. Naturalmente, não menciono aqui a sua pesquisa sobre a Abadesa de las Huelgas, que pertence ao gênero científico-histórico.

(4) A partir de então, Mons. Escrivá entregou para publicação outras homilias, que depois foram agrupadas em *Es Cristo que pasa*, Rialp, Madri, 1973 (tradução brasileira: *É Cristo que passa*, 5ª ed., Quadrante, São Paulo, 2018), em *Amigos de Dios*, Rialp, Madri, 1977 (tradução brasileira: *Amigos de Deus*, 4ª ed., Quadrante, São Paulo, 2018), e *Para amar a la Iglesia*, Palabra, Madri, 1986 (tradução brasileira: *Amar a Igreja*, 2ª ed., Quadrante, São Paulo, 2016), estas duas últimas em edição póstuma.

Os estudiosos do pensamento e da doutrina de São Josemaria têm ressaltado com frequência a riqueza teológica deste texto, em que lhes parece encontrar de modo especialmente sintético e compendiado os aspectos mais centrais da mensagem espiritual do Fundador do Opus Dei. Neste sentido, posso mencionar um dado que talvez seja apenas uma impressão pessoal, mas que conferi com muitos dos participantes. A homilia do campus foi possivelmente o escrito mais citado nas sessões plenárias do Congresso que se realizou sobre Josemaria Escrivá no ano 2002, em Roma, por ocasião do centenário do seu nascimento, e cujos volumes já foram publicados. Os estudos sobre esta homilia foram numerosos. Citarei apenas a conferência pronunciada em abril desse mesmo ano pelo filósofo e teólogo da Universidade de Lovaina André Léonard, atualmente bispo de Namur. O que reteve a atenção de Léonard e deu título e corpo ao seu estudo foi a expressão «materialismo cristão», expressão com que, como veremos a seguir, os editores franceses intitularam a primeira edição da homilia nessa língua.

É a esses aspectos centrais apontados pelos teólogos que gostaria de dedicar esta minha intervenção. Parece-me, porém, que devo fazer antes uma análise do título originário do texto.

2. O título da homilia

Com efeito, uma primeira aproximação relativamente à mensagem da homilia é a que oferecem os diversos títulos que lhe foram sendo dados nas diferentes edições. Como é sabido, a edição *princeps* — a que foi entregue no campus — não tinha título em sentido próprio. Também não incluía subtítulos. O mesmo se deve dizer das edições feitas pelas revistas *Palabra* e *Nuestro Tiempo*[5]. Por essas mesmas datas, porém, outras duas revistas europeias — *La Table Ronde*, de Paris, e *Studi Cattolici*, de Milão — ofereceram aos seus leitores traduções com título próprio, claramente direcionado: a primeira, «Le matérialisme chrétien»[6]; e a segunda, «Amare il mondo apassionatamente»[7].

---

(5) *Palabra*, n. 27, novembro de 1967, pp. 23-27, reproduzia *qua talis* o título da edição *princeps*. *Nuestro Tiempo*, n. 28, de dezembro de 1967, pp. 601-609, incluiu a homilia num caderno de caráter monográfico dedicado à II Assembleia de Amigos da Universidade, que tinha por título simplesmente «Homilia do Grão-Chanceler».

(6) *La Table Ronde*, nn. 239-240, setembro-dezembro de 1967, pp. 231-241.

(7) *Studi Cattolici*, n. 80, novembro de 1967, pp. 35--40.

Os editores de *La Table Ronde* escolheram essa expressão da homilia por acharem que captava *assez bien* o sentido total da sua mensagem. Assim o dizem expressamente numa nota de redação que antecede o texto[8]. Trata-se, com efeito, de uma fórmula paradoxal[9] e surpreendente, da qual o

---

(8) Lê-se ali: «O materialismo cristão: este é o título, tirado de uma frase de Mons. Escrivá, que a Redação da nossa revista escolheu para o texto que publicamos a seguir. Parece-nos que reflete *assez bien* o sentido de uma espiritualidade que, por moderna que seja, nem por isso deixa de ser tradicional» (p. 229).

(9) Talvez a figura retórica mais exata para qualificar essa expressão não seja o «paradoxo» — assim mo fazia notar o meu colega, prof. Jaime Nubiola —, mas o «oxímoro», que exprime com maior vigor a contraposição dos termos acoplados. Veja-se sobre este tema M.A. Garrido Gallardo, *Retórica*, em GER, 20, pp. 178-182, onde diz que a razão destas figuras literárias é «fazer do discurso não um mero indicador transparente da coisa significada ou referente, mas um meio opaco que capte a atenção por si mesmo e condicione num sentido preciso a interpretação da mensagem que propõe ao leitor» (p. 180). Isto parece-me muito exato quando aplicado ao nosso caso e no contexto de toda a homilia.

pregador tem plena consciência, pois a escreve em itálico. Com efeito, nada há à primeira vista mais antitético e autoexcludente do que estes dois termos: «cristianismo» e «materialismo», que no entanto o Fundador do Opus Dei junta e acopla ao dizer-nos que é lícito falar de um *materialismo cristão*, que se opõe audazmente aos materialismos cerrados ao espírito» (n. 115). O horizonte espiritual e a antropologia implícita nesta expressão é, sem dúvida, de uma grande transcendência: Josemaria Escrivá — é o que com certeza quiseram sublinhar os editores de Paris — propunha uma maneira de entender a relação do homem com Deus que, partindo do mais material (o Verbo fez-se *carne*) e exprimindo-se através da matéria deste mundo, se eleva até Deus. A isto havemos de voltar mais adiante.

Por sua vez, o editor de Milão apresentou esse núcleo espiritual servindo-se de outra bela expressão da homilia. Está tirada do n. 118 *in fine*, quando o Fundador do Opus Dei se refere por um instante a si mesmo, dizendo que é um «sacerdote de Jesus Cristo, que ama o mundo apaixonadamente». Ao apresentar a homilia, a Redação da revista diz que se trata da primeira tradução italiana «de um novo documento do espírito, da doutrina, do apaixonado amor às almas de Mons. Escrivá». Seria preciso dizer, sem dúvida, que há matizes diferentes em cada uma destas expressões: «amor às almas» e «amor ao mundo», esta última mais própria da homilia. Mas, em todo caso, o título empregado pela revista italiana, em contraste com a francesa, centra-se diretamente na atitude de espírito da qual brotavam as palavras de Mons. Escrivá, e é a partir daí que se contempla o conteúdo doutrinal objetivo da homilia.

A essa expressão, subjaz também um componente paradoxal: *sacerdote* parece indicar o homem do sacro, a testemunha daquilo que transcende este mundo; e, no entanto, esse sacerdote aparece caracterizado não pelo desapego do mundo, mas exatamente pelo seu contrário: pelo amor ao mundo, por um amor que qualifica como apaixonado. Se isto é assim num sacerdote, a existência do cristão comum há de ter, por maioria de razão, essa mesma dimensão radical: «amar o mundo apaixonadamente».

O título da revista italiana foi o que prevaleceu na história do texto: a homilia do campus foi pouco depois incluída com esse título — e em vida do nosso primeiro Grão-Chanceler — no livro *Conversaciones con Mons. Escrivá de Balaguer*[10], que teve muitas edições em numerosas línguas. O título «Amar o mundo apaixonadamente» deve ser considerado como parte do *textus receptus*. E a razão última é bem clara: foi o próprio Josemaria Escrivá quem intitulou assim a sua homilia quando se preparava a tradução italiana[11].

Como os senhores terão visto, ambos os títulos se prendem com aspectos

---

(10) Rialp, Madri, 1968, pp. 171-181 (tradução brasileira: *Entrevistas com Mons. Josemaria Escrivá*, 4ª ed., Quadrante, São Paulo, 2016). Para as citações da homilia, sirvo-me da numeração dos parágrafos que faz essa edição (e acrescento uma letra quando o número da margem abarca vários parágrafos); a homilia vai do n. 113 ao 123.

(11) Soube-se disto por umas declarações de Álvaro del Portillo ao diário *La Stampa* (Turim, 18-4-1992), que traduzo: «Lembro-me de que em 1967, falando aos estudantes e aos graduados da Universidade de Navarra, na Espanha, deu à sua homilia o título de *Amar o mundo apaixonadamente*. Era um admirador do mundo e da sua beleza [...]. Mons. Escrivá amava o mundo, mas não se deixava distrair pelo mundo. Era um pertinaz servidor de Deus».

importantíssimos da homilia. No entanto, à hora de captar o núcleo doutrinal do nosso texto, não nos dispensam, antes nos incitam a uma detida leitura do texto. E vou fazê-lo agora da seguinte maneira: não indo diretamente aos conteúdos da homilia, mas analisando primeiro a sua estrutura, o fluir das ideias e da linguagem que as exprime. O nosso estudo move-se, pois, no interior do próprio texto, da sua linguagem e da sua intencionalidade. Passemos, pois, do título para o texto, a fim de assim avançarmos na nossa leitura.

3. A mensagem da homilia

Antes de mais nada, um breve esquema da homilia, que pode ao mesmo tempo servir de guia para a leitura:

1. **Ponto de partida**: introdução eucarística (nn. 113a-113b).

2. **Desenvolvimento da homilia**:

a) *linha ascendente* (nn. 113c-115); três teses:

> 1^a *tese* — A vida corrente no meio do mundo — deste mundo, não do outro — é o verdadeiro *lugar* da existência secular cristã (nn. 113c-113d).
>
> 2^a *tese* — As situações que parecem mais vulgares, as que partem da própria matéria, são metafísica e teologicamente valiosas: são o meio e a ocasião do nosso encontro contínuo com o Senhor (nn. 113f-114a).
>
> 3^a *tese* — Não há duas vidas, uma para a relação com Deus e outra,

diferente e separada, para a realidade secular; mas uma única, feita de carne e espírito, e essa é a que tem de ser — na alma e no corpo — santa e plena de Deus (nn. 114d-115).

b) *o cume*: «viver santamente a vida diária» (nn. 116a-116c).

c) *linha descendente* (nn. 116d-122); três temas:

— «a atuação que têm como cidadãos na vida civil» (nn. 116d-118a).

— digressão sobre os Amigos da Universidade de Navarra (nn. 118b-120f).

— «o amor humano, o amor limpo entre um homem e uma mulher» (nn. 121-122).

3. **Conclusão**: transição para a profissão de fé e para a Eucaristia, mistério de fé e de amor (nn. 123a-123g).

Devemos dizer antes de mais nada que estamos diante de uma homilia e que o pregador concebe, portanto, o seu serviço como um anúncio das *magnalia Dei*, que vão ter o seu momento culminante — assim o diz — na «impressionante Eucaristia que hoje celebramos no campus da Universidade de Navarra» (n. 113a). No seio dessa caminhada litúrgica em direção ao Corpo e ao Sangue de Cristo, Josemaria Escrivá irá entretecendo o corpo da sua homilia sem sair em nenhum momento do marco eucarístico. Esta intencionalidade de toda a exposição far-se-á especialmente vibrante nas palavras finais, quando chamar os fiéis à fé:

«Fé viva neste momento, porque nos abeiramos do *mysterium fidei* (1 Tm 3, 9), da Sagrada Eucaristia; porque vamos tomar parte nesta Páscoa do Senhor, que resume e realiza as misericórdias de Deus para com os homens» (n. 123g).

O corpo da homilia parte precisamente do «significado escatológico» do sagrado Mistério. Pois bem, a sequência expositiva desse corpo doutrinal — também do ponto de vista do fluir das ideias — aparece-nos como a escalada de um monte: tem um movimento que começa por ser ascendente; depois, «faz-se cume» e de lá se contempla a paisagem; por fim, a descida pela outra vertente. O pregador vai discorrendo e propondo a sua mensagem de tal maneira que, ao terminar o parágrafo 116b, se pode considerar também terminada a ascensão: adquiriu-se já o essencial do patrimônio de doutrina que o pregador quis inculcar nos fiéis. Pouco antes tinha dito que o que acabava de expor era «doutrina da Sagrada Escritura, que se encontra — como sabem — no próprio cerne do espírito do Opus Dei» (n. 116a). É esse o momento em que se divisa plenamente a paisagem. Estamos no cume:

> «Na linha do horizonte, meus filhos, parecem unir-se o céu e a terra. Mas não: onde de verdade se juntam é no coração, quando se vive santamente a vida diária...» (n. 116b).

O texto impresso contém aqui uns pontos de reticência. A pausa que o pregador fez na leitura refletiu-os com toda a exatidão. O parágrafo imediato inicia-se com uma pausada repetição:

> «Viver santamente a vida diária, como acabo de dizer. E com estas palavras refiro-me a todo o programa dos afazeres cristãos» (n. 116c).

Aí começa, com efeito, a descida: a partir daí, São Josemaria irá desfiando as consequências práticas da doutrina espiritual elaborada até esse momento — em duas etapas principais: a primeira, «a atuação que têm como cidadãos na vida civil» (compreende os nn. que vão de 116d a 118a); a segunda, «o amor humano, o amor limpo entre um homem e uma mulher» (nn. 121-122). Entre ambas, situa-se uma interessante digressão sobre diversas questões doutrinais relacionadas com o momento histórico concreto (liberdade cívica, caráter secular da Universidade de Navarra e das obras apostólicas do Opus Dei; nn. 118b a 120f). Essa descida é também linear até chegar ao encontro com Cristo na Eucaristia, com o qual termina a pregação.

Mas, para captarmos melhor a mensagem, voltemos à frase que se repete no «cume» — nessa transição dos parágrafos 116b e 116c —, porque é ela que designa o tema da homilia e a zona mais central da sua mensagem, o seu conteúdo mais radical:

«Viver santamente a vida diária».

Com esta expressão, o autor quer referir-se, segundo as suas próprias palavras, a «todo o programa dos afazeres cristãos».

Isso é, pois, o que Josemaria Escrivá quis expor na homilia do campus: o que é a santificação da vida normal e corrente de um homem ou de uma mulher cristãos, da vida diária. A análise literária do texto mostra que, efetivamente, essa expressão é a dominante ao longo de toda a homilia, constituindo como que o seu eixo doutrinal. Por isso, não será inútil fazermos o elenco das passagens em que aparece[12], pois são todos de uma grande densidade.

Na que chamamos «fase ascendente», e antes de chegarmos à citada

---

(12) Ao fazê-lo, pomos entre aspas simples as expressões que comentamos. O itálico, porém, como em todas as citações da homilia, é do texto original.

transição 116b-c, vemos a expressão em dois lugares.

O primeiro encontra-se depois da descrição dos elementos daquele templo singular, que era naqueles momentos o campus da Universidade. Dizia o pregador:

> «Não será que esta enumeração vem confirmar, de uma forma plástica e inesquecível, que a vida corrente é o verdadeiro *lugar* da existência cristã?» (n. 113f).

O segundo oferece esta formulação categórica:

> «Não há outro caminho, meus filhos: ou sabemos encontrar o Senhor na nossa vida de todos os dias, ou não O encontraremos nunca» (n. 114f).

No «cume» (n. 116b-c), forja-se, como vimos, a expressão «viver santamente a vida diária», que adquirirá um sentido técnico no resto da homilia.

Na «descida», a expressão aparece em contextos muito notáveis. O primeiro é especialmente relevante:

> «Já se vê claramente que, neste terreno como em todos [refere-se à atuação social e política dos cristãos], não poderíamos realizar esse programa de viver santamente a vida diária, se não gozássemos de toda a liberdade [...]» (n. 117b).

Josemaria Escrivá oferece-nos aqui, como vemos, uma fórmula ainda mais acabada para captarmos o conteúdo essencial da sua homilia e volta a usar pela segunda vez o termo «programa» — nesta ocasião, mais no sentido de «projeto» — para referir-se a esse «viver santamente a vida diária» que expõe naquele momento aos fiéis.

A segunda passagem serve para introduzir outra dimensão importante desse «programa»:

> «E agora, filhos e filhas, permitam que me detenha em outro aspecto — particularmente entranhável — da vida ordinária. Refiro-me ao amor humano, ao amor limpo entre um homem e uma mulher» (n. 121b).

A conclusão de uma homilia é, pastoralmente, o momento em que se sublinha e intensifica, de olhos postos no Mistério, o que foi a mensagem do pregador. Por isso, não é de estranhar que nesse breve espaço, que os liturgistas chamam «passagem para o rito», apareçam os três últimos trechos que nos interessam. O primeiro deles é o próprio início da conclusão:

> «Tenho que terminar, meus filhos. Disse no começo que as minhas palavras pretendiam anunciar alguma coisa da grandeza e da misericórdia de Deus. Penso tê-lo feito, falando de viver santamente a vida ordinária: porque uma vida santa no meio da realidade secular — sem ruído, com simplicidade, com veracidade —, não será porventura a manifestação mais comovente das *magnalia Dei* (Eclo 18, 4), dessas portentosas misericórdias que Deus sempre exerceu, e não deixa de exercer, para salvar o mundo?» (n. 123a).

É evidente que aqui é o próprio autor da homilia que nos diz qual foi o tema da sua pregação: «viver santamente a vida diária». É interessante sublinhar que São Josemaria considerava que pregar e difundir esse «programa» é hoje — são palavras suas — a forma mais comovente de anunciar a grandeza e a misericórdia de Deus.

Pouco depois, o pregador começa o seu vibrante apelo à fé, com o qual terminará a homilia, porque

> «sem a fé, falta o próprio fundamento para a santificação da vida ordinária» (n. 123d).

As últimas palavras, já ante a iminência do Mistério, são estas:

> «Fé, finalmente, filhas e filhos queridíssimos, para demonstrar

> ao mundo que tudo isto não são cerimônias e palavras, mas uma realidade divina, ao apresentar aos homens o testemunho de uma vida ordinária santificada, em Nome do Pai e do Filho e do Espírito Santo e de Santa Maria» (n. 123g).

As nossas considerações sobre a estrutura do texto levaram-nos a essa conclusão. Segundo Josemaria Escrivá, o objetivo da sua homilia era expor os traços fundamentais do que é a vida corrente santificada de um homem ou uma mulher cristãos. Um título da homilia não paradoxal, e sim temático, mas tomado também das próprias expressões do pregador, seria, pois, o que vimos: «Viver santamente a vida diária». Ou também esta outra fórmula, perfeita, que acabamos de encontrar na conclusão da homilia e que escolhemos como título da nossa análise: «Uma vida santa no meio da realidade secular».

Por detrás da simplicidade destes títulos e deste tema, o fundador da Universidade de Navarra propunha na realidade, nos seus traços profundos, o que poderíamos chamar, já com palavras nossas, a sua «teologia da secularidade cristã». Ou seja, o que encontramos na homilia do campus é uma compreensão da Revelação divina e da missão da Igreja — e, portanto, do cristão — na qual a tarefa histórica do homem, nas suas grandes e nas suas menores realizações terrenas, aparece plenamente redimida, assumida e integrada na dinâmica da salvação. Essa compreensão é construída e manifestada sobretudo, como é lógico, no que chamei «linha ascendente» da homilia. A «linha descendente» será obter consequências e explicitar e fazer entender na prática o que já se adquiriu fundamentalmente na subida. A essa compreensão dedicam-se as páginas que se seguem.

4. Três teses sobre a secularidade cristã

O Fundador do Opus Dei construiu a sua homilia como uma reflexão em torno do duplo binômio espírito/matéria e espiritualismo/materialismo. É sobre ele que se vão assentar as que nos parecem ser as três teses fundamentais da sua exposição e nas quais se condensa a sua mensagem. Formulo-as com palavras minhas, que seguem muito de perto as do pregador. Vejamo-las.

a) Sobre o «lugar» da existência cristã
(1ª tese)

A primeira tese pode ser formulada assim:

> *A vida corrente no meio do mundo — deste mundo, não do outro — é o verdadeiro lugar da existência secular cristã.*

O ponto de partida de toda a exposição foi, como estaremos lembrados, a desqualificação dos falsos espiritualismos, isto é, de uma falsa noção do espiritual. Josemaria Escrivá queria desfazer um equívoco que provocou graves consequências históricas: a existência cristã entendida

> «como algo unicamente *espiritual* — isto é, espiritualista —,

próprio de pessoas *puras*, extraordinárias, que não se misturam com as coisas desprezíveis deste mundo ou que, quando muito, as toleram como algo necessariamente justaposto ao espírito, enquanto aqui vivemos» (n. 113c).

Segundo o Fundador do Opus Dei, para esta concepção do homem, «o templo converte-se, por antonomásia, no lugar da vida cristã». A consequência é clara:

«e, nessa altura, ser cristão é ir ao templo, participar de cerimônias sagradas, incrustar-se numa sociologia eclesiástica, numa espécie de *mundo* segregado, que se apresenta a si mesmo como a antecâmara do céu, enquanto o mundo comum vai percorrendo o seu próprio caminho» (n. 113d).

Já se perfilam aqui as antinomias espírito/matéria, mundo eclesiástico/mundo comum, templo/vida corrente etc., que são características do «monismo» espiritualista. A desqualificação teológica e pastoral dessas atitudes tem na homilia uma desusada solenidade e é prévia a toda a argumentação:

> «Nesta manhã de outubro, enquanto nos preparamos para adentrar-nos no memorial da Páscoa do Senhor, respondemos simplesmente *não!* a essa visão deformada do cristianismo» (n. 113e).

O argumento em que o autor vai apoiar a «tese» — que entende claramente compartilhada por aquela imensa assembleia — não é dedutivo, mas existencial. Remete os ouvintes à consideração da experiência cristã de que participam naquela liturgia:

> «Reparem, por um momento, em como está emoldurada a nossa Eucaristia, a nossa Ação de Graças: encontramo-nos num templo singular».

E o pregador vai referindo o que tínhamos diante dos nossos olhos: o campus, as Faculdades universitárias, as máquinas que levantavam os novos edifícios, a Biblioteca, o céu de Navarra... A partir daí, o Fundador chega a esse primeiro ponto de condensação da sua exposição que designamos por primeira tese: a vida cotidiana, verdadeiro *lugar* da existência cristã. Esta simples afirmação, que será glosada e explicada das formas mais diversas ao longo da homilia, contém o núcleo de toda a sua teologia da secularidade.

Permitam-me uma palavra sobre o *lugar* da existência cristã. *Lugar* tem aqui, como em outros escritos do Fundador do Opus Dei, um sentido técnico: é uma categoria antropológica e teológica, que serve para designar as coordenadas históricas do encontro com Cristo e, portanto, da existência humana concreta. Pois bem, o que Josemaria Escrivá nos dizia no campus é que o *lugar* não é o «templo» — entendido como fenômeno da sociologia eclesiástica —, mas «a vida ordinária», no seu acontecer pessoal e plurivalente, que o próprio pregador desdobra assim:

> «aí onde estão os nossos irmãos, os homens, aí onde estão as nossas aspirações, o nosso trabalho, os nossos amores, aí está o lugar do nosso encontro cotidiano com Cristo» (n. 113f).

Ao equacionar as coisas assim, Josemaria Escrivá situou a pessoa humana — isto é, o homem de carne e osso, com a sua vida de cada dia — no centro da vida e da missão da Igreja. Este deslocamento do templo para o mundo é o que já Santo Agostinho tinha presente quando dizia, pregando precisamente num templo:

> «A casa das nossas orações é esta; a casa de Deus somos nós mesmos»[13].

---

(13) «*Domus nostrarum orationum ista est, domus Dei nos ipsi*» (Sermão 36, 1; PL 38, 1471).

Estamos perante o tema do templo de pedras vivas que se encontra na primeira Carta de São Pedro (1 Pe 2, 45) e que domina a liturgia da dedicação dos templos. Este é o horizonte que João Paulo II apontará, já desde a *Redemptor hominis*, quando disser uma e outra vez que «o homem é o caminho da Igreja»[14]. Santo Agostinho concluía:

> «Se a casa de Deus somos nós mesmos, isso quer dizer que vamos sendo edificados no tempo histórico para sermos *dedicados* na consumação final»[15].

O resto da «linha ascendente» da nossa homilia é uma explicação de

---

(14) Enc. *Redemptor hominis*, 14.

(15) «*Si domus Dei nos ipsi, nos in hoc saeculo aedificamur ut in fine saeculi dedicemur*».

como se vai fabricando neste mundo esse templo de pedras vivas que será consagrado na escatologia.

B) Sobre o valor e a dignidade da «matéria»
(2ª tese)

Chegados a este ponto, deparamos com a segunda tese, que podemos formular assim:

> *As situações que parecem mais vulgares, que arrancam da própria matéria, são metafísica e teologicamente valiosas: são o meio e a ocasião do nosso encontro contínuo com o Senhor.*

Com efeito, São Josemaria avança na sua exposição mostrando, agora positivamente, o que os espiritualismos ignoram ou negam: o valor da matéria. Esta segunda parte da ascensão, do ponto de vista do vocabulário, inicia-se nas últimas linhas do n. 113:

> «É no meio das coisas mais materiais da terra que nós devemos santificar-nos, servindo a Deus e a todos os homens».

Encontramos aqui pela primeira vez na homilia uma alusão à «matéria», que reaparecerá abundantemente na seção.

Agora a ideia central é que essa *vida ordinária*, da qual o texto vinha falando nos parágrafos anteriores, esse *lugar* da existência cristã, abrange no seu seio também as realidades materiais, e só se acaba de entendê-lo a partir de uma avaliação positiva da matéria. Essa avaliação positiva é o pressuposto metafísico e antropológico da teologia da secularidade cristã que o Grão-Chanceler foi desfiando no campus. Não pode, pois, estranhar-nos a desusada intensidade com que, dentro da brevidade da homilia, se deteve a tratar deste ponto.

De acordo com o seu modo habitual de abordar os temas, fundamentou a sua tese no relato bíblico da Criação do mundo na sua realidade material e espiritual: «Javé olhou para ele e viu que era bom» (n. 114a). O homem é feito de matéria e espírito e Deus o pôs a viver no meio das realidades materiais.

No contexto desta segunda seção, aparece um termo e conceito — «desencarnação» — que ilumina a intencionalidade de toda a exposição. Na realidade, é outra maneira de referir-se aos falsos espiritualismos. O que Mons. Escrivá tem contra essas antropologias não é, evidentemente, a apreciação positiva que fazem das realidades espirituais, mas a tendência monista com que olham o homem. Com as suas próprias palavras:

> «O autêntico sentido cristão — que professa a ressurreição de toda a carne — sempre combateu, como é lógico, a *desencarnação*, sem medo de ser tachado de materialista» (n. 115a).

«Desencarnação»: esta é a palavra e este é o conceito. Por este modo de encarar a vida, a perfeição do homem, a união com Deus, a santidade etc. seriam entendidos como «superação» da carne, do corpo, da matéria e do que essa realidade material comporta. Josemaria Escrivá afirmou no campus de Navarra precisamente o contrário. Aqui está para ele — poderíamos dizer, servindo-nos de uma velha expressão — o *articulus stantis et cadentis hominis christiani*; isto é, aquilo que, se se verifica, mantém firme a existência cristã; e se não se verifica, faz desabar o cristianismo do homem cristão. A «desencarnação» deforma, sem dúvida, toda a concepção cristã do homem, mas, no que diz respeito à teologia cristã da secularidade, não é que a dificulte: simplesmente, elimina pela raiz todo o possível acesso a ela. Daí a fórmula paradoxal e pedagógica:

> «É lícito, portanto, falar de um *materialismo cristão*, que se opõe audazmente aos materialismos cerrados ao espírito» (n. 115a).

Já se vê o que isto significa para Escrivá: uma afirmação da doutrina bíblica e patrística tradicional — o homem composto de alma e corpo, de espírito e matéria —, mas com o acento posto argumentativamente na realidade material, ignorada ou negada pelos espiritualismos. Por conseguinte, matéria aberta ao espírito, em contraste com as diversas formas de materialismo monista, que a Const. *Gaudium et spes* denunciaria e que São Josemaria chama aqui «os materialismos cerrados ao espírito».

É certo que se poderia ter dito o mesmo invertendo os termos e falando de um «espiritualismo cristão» que estaria em contraste com os «espiritualismos cerrados à matéria»; neste caso, o homem seria entendido não como um anjo, mas como um espírito encarnado e, portanto, «aberto à matéria». Mas este enfoque tiraria toda a força à intenção pedagógica do texto, toda ela tão próxima da expressão «materialismo cristão».

Esta doutrina procede do ensinamento de São Paulo acerca do homem, abundantemente citado na homilia, mas que terá um momento especialmente revelador na «linha descendente» quando, ao falar do amor humano, disser aos fiéis:

> «A oração contemplativa surgirá em todos sempre que meditarem nesta realidade impressionante: algo tão material como o meu corpo foi escolhido pelo Espírito Santo para estabelecer a sua morada..., não me pertenço mais a mim..., o meu corpo e a minha alma — todo o meu ser — são de Deus...» (n. 121e).

Esta passagem ilumina o nosso tema. Como em São Paulo, a homilia do campus considera o homem na sua totalidade, mas arrancando de baixo, do mais humilde, do corpo, do material, que não se «justapõe» ao espírito, mas é — o corpo, e não só o espírito — «templo do Espírito Santo».

O tema da «matéria» é tão central na homilia que o nosso Grão-Chanceler considerou que devia oferecer aos fiéis uma fundamentação não apenas «teológica» — com base no Gênesis, como vimos —, mas sobretudo cristológica. Vem a dizer-nos que o que ele propõe aos fiéis é pura coerência com a *lex incarnationis* — «a lei da Encarnação» — que preside à economia da graça. Contudo, não se detém na Cristologia propriamente tal, que dá por conhecida, mas avança para os sinais sacramentais que a manifestam, «vestígios da Encarnação do Verbo, como afirmaram os antigos» (n. 115b), o que lhe permite considerar de novo o sentido da Eucaristia:

> «O que são os sacramentos [...] senão a mais clara manifestação deste caminho escolhido por Deus para nos santificar e levar ao Céu? Não veem que cada sacramento é o amor de Deus, com toda a sua força criadora e redentora, que se dá a nós através de meios materiais? O que é a Eucaristia — já iminente — senão o Corpo e Sangue adoráveis do nosso Redentor, que se oferece a nós através da humilde matéria deste mundo — vinho e pão —, através *dos elementos da natureza, cultivados pelo homem*, como o

quis recordar o último Concílio Ecumênico?» (n. 115b)[16].

Cristo, pois, ao fazer-se homem, mais ainda, como diz São João, ao fazer-se carne; e, como consequência, toda a economia sacramental, que assume a matéria ao serviço da Redenção; Cristo e a economia divina — digo — revelam e fundamentam, segundo São Josemaria Escrivá, a doutrina da secularidade cristã. Daí que o Grão-Chanceler da Universidade manifestasse perante os fiéis uma tarefa surpreendente, da qual eles eram responsáveis:

«Por isso, posso afirmar que a nossa época precisa devolver

---

(16) Nota da homilia: «Cf. Const. *Gaudium et spes*, 38».

à matéria e às situações aparentemente mais vulgares o seu nobre e original sentido: pondo-as ao serviço do Reino de Deus, espiritualizando-as, fazendo delas meio e ocasião para o nosso encontro contínuo com Jesus Cristo» (n. 114e).

Nesta inesperada missão, fundem-se os dois planos da economia divina: o originário da Criação e o novo plano da Redenção por Jesus Cristo. É desta fórmula que procede, como os senhores terão observado, aquilo a que chamamos a segunda grande tese da homilia.

Consideremos agora a *matéria*, tal como fizemos na primeira tese com o *lugar*. «Matéria», na linguagem da nossa homilia, é um termo utilizado para designar, já a partir da sua dimensão mais humilde — da *ignobilior pars* —, toda a gama do «ordinário», a totalidade do «corrente», que deve ser santificada e levada até Deus. É, com efeito, uma linguagem que, a partir das suas bases metafísicas, se abre para as realidades antropológicas e as inclui.

Daí que as fórmulas sejam normalmente enumerativas: «Deus os chama a servi-Lo *em* e *a partir* das tarefas civis, materiais, seculares da vida humana» (n. 114b); esse «Deus invisível, nós O encontramos nas coisas mais visíveis e materiais» (n. 114d); é preciso «devolver à matéria e às situações aparentemente mais vulgares o seu nobre e original sentido» (n. 114e).

Em resumo, a posição metafísica e teológica da «matéria», na exposição de Josemaria Escrivá, é que ela compartilha com o espírito um mesmo destino — o destino do homem —, e a sua dignidade — a dignidade da matéria — reside precisamente na sua relação com o espírito, na sua capacidade de estar a serviço do espírito e de ser penetrada por ele, encontrando nesse serviço a sua plenitude. A tarefa de recuperar «o nobre e original sentido» das realidades materiais é descrita pelo Fundador do Opus Dei precisamente com esta expressão: «espiritualizá--las»; não certamente no sentido dos espiritualismos, que se envergonham do material, mas neste outro bem preciso: o de fazê-las participar com o espírito do destino do homem. Ou, o que é o mesmo, fazer «delas meio e ocasião para o nosso encontro contínuo com Jesus Cristo» (n. 114e).

Para compreendermos esta segunda tese, devemos reparar que São Josemaria tinha sempre no fundo da sua exposição essa grande lei da economia salvífica que poderíamos formular assim: na vida cristã, tudo é simultaneamente dom e tarefa, indicativo e imperativo, oferta divina e responsabilidade humana. O aspecto «tarefa» é o que se sublinha formalmente nas palavras que acabo de transcrever (n. 114e). Mas esse imperativo é possível e tem sentido porque a própria realidade que procuramos nos foi dada por Deus: na economia da graça, o imperativo baseia-se sempre no indicativo. Por outras palavras: a tarefa de procurar Cristo só é possível porque Ele, graciosamente, nos foi dado e se nos dá: «Eu estarei convosco até à consumação dos séculos» (Mt 26, 28). Voltando ao nosso raciocínio: o esforço que São Josemaria nos pede, para fazermos da matéria «meio e ocasião» de encontro com Cristo, baseia-se em que o Senhor está ali:

«Deus espera-nos cada dia [...] em todo o imenso panorama do trabalho» (n. 114b).

O dom e a tarefa fundem-se esplendidamente nesta fórmula:

«Há *algo* de santo, de divino, escondido nas situações mais comuns, algo que a cada um de nós compete descobrir» (n. 114b).

«Eu lhes asseguro, meus filhos, que, quando um cristão desempenha com amor a mais intranscendente das ações diárias, está desempenhando algo de onde transborda a transcendência de Deus» (n. 116b).

Aqui o dom e a missão aparecem fundidos na vida real do cristão, cuja existência no meio das realidades seculares começa a ser já «uma vida escondida com Cristo em Deus» (Cl 3, 3). Mas com esta afirmação quase invadimos o campo da terceira tese.

c) Sobre a «unidade de vida» do cristão
(3ª tese)

Não há duas vidas, uma para a relação com Deus; outra, diferente e separada, para a realidade secular. Há uma única vida, feita de carne e espírito, e essa é a que tem de ser — na alma e no corpo — santa e plena de Deus.

A articulação das duas teses precedentes é esta: se a vida corrente é o lugar da existência cristã (1ª tese), é assim porque a matéria e o que parece mais vulgar passaram a ser, na ordem da graça, meio e ocasião de encontro com Cristo (2ª tese). Pois bem, destas duas teses Josemaria Escrivá conclui a terceira, com a qual me parece que avança decisivamente para o cume.

O conceito e a expressão «unidade de vida» são característicos da doutrina espiritual de São Josemaria, como podemos ver analisado na bibliografia que se ocupou do tema[17]. Agora interessa-nos somente compreender esta doutrina dentro da dinâmica interna da homilia e, portanto, na sua íntima conexão com as duas teses anteriores.

O nosso Grão-Chanceler contempla aqui o grande desafio que é oferecido

---

(17) Vid. I. de Celaya, «Unidad de vida y plenitud cristiana», em F. Ocáriz — I. de Celaya, *Vivir como hijos de Dios*, Eunsa, Pamplona, 1993, pp. 93-128. Também Antonio Aranda, *La lógica de la unidad de vida. Identidad cristiana en una sociedad pluralista*. Pamplona, 2000, pp. 121-146.

pelo horizonte espiritual contemporâneo: a separação entre fé e vida, que o Concílio Vaticano II[18] veio a qualificar como um dos erros mais graves da nossa época, e que o Fundador do Opus Dei já tratava de explicar — como nos diz — «àqueles universitários e àqueles operários que me procuravam lá pela década de 30».

A tese sobre a «unidade de vida», como as duas outras que a precedem, tem na nossa homilia o seu contexto imediato também na análise do falso espiritualismo. O Fundador do Opus Dei vem a dizer-nos que, a partir desses espiritualismos — que ele via tão estendidos entre os cristãos —, são possíveis duas «soluções» para o problema.

A primeira, que Escrivá descreve no começo da homilia, é a formalmente

---

(18) Const. *Gaudium et spes*, 43.

espiritualista: procura-se a unidade de vida na «sociologia do templo», no sentido da expressão a que antes nos referimos. Este enfoque renuncia *de facto* a uma projeção salvífica sobre a história humana, e refugia-se na precária unidade que oferece essa

> «espécie de *mundo* segregado, que se apresenta a si mesmo como a antecâmara do céu, enquanto o mundo comum vai percorrendo o seu próprio caminho» (n. 113d).

Por outro lado, estão os que receberam uma «formação» cristã proveniente do espiritualismo, mas que vivem e querem continuar a viver no «mundo comum». É destes cristãos que Escrivá se ocupa nas passagens da homilia que agora consideramos. São os homens e as mulheres que, sem se dobrarem pura e simplesmente à tese espiritualista, se veem como que obrigados a uma dupla vida:

> «a vida interior, a vida de relação com Deus, por um lado; e, por outro, diferente e separada, a vida familiar, profissional e social, cheia de pequenas realidades terrenas» (n. 114c).

O diagnóstico da situação é formulado com o nome de uma grave doença, bem conhecida dos psiquiatras: «esquizofrenia». Provocou-se em grandes setores dos fiéis cristãos uma espécie de esquizofrenia espiritual, perante a qual São Josemaria reage com uma força inesquecível. A passagem merece ser reproduzida literalmente:

«Não, meus filhos! Não pode haver uma vida dupla, não podemos ser como esquizofrênicos, se queremos ser cristãos. Há uma única vida, feita de carne e espírito, e essa é a que tem de ser — na alma e no corpo — santa e plena de Deus. Esse Deus invisível, nós O encontramos nas coisas mais visíveis e materiais» (n. 114d).

Com estas expressões, o Grão--Chanceler da Universidade de Navarra afirmava a terceira tese no seu conteúdo positivo: não se limita, com efeito, a mencionar a esquizofrenia, isto é, as duas formas de dupla vida (a formalmente espiritualista e a derivada), mas diz além disso onde está a «saúde espiritual», que ele chama «unidade de vida».

Essa «unidade de vida», porém, não advém ao cristão por meio de complicadas operações em zonas recônditas do espírito, mas no âmbito da vida corrente, dessa vida do «mundo comum», infravalorizada pela posição espiritualista. Para o nosso Fundador, há uma «única vida», e o acento está posto — como era de esperar a partir das outras duas teses — em que aquilo que unifica essa vida é o encontro com o Deus invisível, que se dá nas coisas mais visíveis e materiais:

> «Deus espera-nos cada dia [...] em todo o imenso panorama do trabalho (n.114b).

Talvez a fórmula mais acabada para descrever essa dinâmica unificadora da vida seja esta, que vem a seguir:

«Não esqueçam nunca: há *algo* de santo, de divino, escondido nas situações mais comuns, algo que a cada um de nós compete descobrir» (n. 114b).

Aqui está talvez o ponto culminante da terceira tese: a unidade entre a vida de relação com Deus e a vida cotidiana — trabalho, profissão, família — não vem de fora, mas dá-se no próprio seio desta última, porque aqui, na vida comum e corrente, é onde se dá esse *algo* de santo, que cada um deve encontrar.

5. O sentido de uma mensagem

A doutrina que Josemaria Escrivá expôs no campus da Universidade de Navarra — assim o disse ali — está «no próprio cerne do espírito do Opus Dei»

(n. 116a). Portanto, não era nova: era a que vinha pregando desde o dia 2 de outubro de 1928, quando o Senhor o fez «ver» a Obra[19]. Naquele outubro de 1967, volta a expô-la para que os ouvintes a compreendam — diz — «com uma nova clareza» (n. 114b).

Assim o disse João Paulo II quando da canonização do nosso primeiro Grão-Chanceler:

> «São Josemaria Escrivá foi escolhido pelo Senhor para anunciar a vocação universal à santidade e para indicar que a vida de todos os dias, as atividades comuns, são um caminho de santificação. Poder-se-ia

---

(19) Vid. sobre o tema J.L. Illanes, «Dos de octubre de 1928: alcance y significado de una fecha», A.VV., *Mons. Escrivá de Balaguer y el Opus Dei*, Pamplona, 1985, pp. 65 e segs.

dizer que ele foi o santo da normalidade»[20].

Foi isso, efetivamente, o que São Josemaria fez no campus da Universidade de Navarra. Uma doutrina, aliás, não somente originária, mas constantemente ensinada, como se vê sublinhado na alusão ao «insistente martelar» com que sempre tinha pregado que «a vocação cristã consiste em transformar em poesia heroica a prosa de cada dia» (n. 116b).

Mas Josemaria Escrivá nunca entendeu essa mensagem espiritual, que Deus lhe inspirou com uma força inapagável, como uma espécie de meteorito que se incrusta imóvel na terra,

---

[20] Discurso de João Paulo II aos peregrinos chegados a Roma para a canonização de São Josemaria Escrivá, 7 de outubro de 2002.

mas como uma semente que cresce fecundada pela graça de Deus. Por isso, a mensagem do dia 2 de outubro de 1928 foi sempre aprofundada pelo Fundador ao longo de toda a sua vida. E ia-o sendo pelo caminho que é testemunhado pela vida da Igreja e, sobretudo, pela vida dos santos.

Josemaria Escrivá, com efeito, aprofundou na mensagem do dia 2 de outubro através das luzes ulteriores — com alguma frequência de caráter extraordinário[21] — que Deus lhe concedeu, e, de maneira mais ordinária, pela constante reflexão sobre a própria

---

(21) Uma dessas ocasiões, especialmente significativa, foi no dia 7 de agosto de 1931. Vid. sobre o tema P. Rodríguez, «*'Omnia traham ad meipsum'*. El sentido de Juan 12, 23 en la experiencia espiritual de Mons. Escrivá de Balaguer», em *Estudios 1985-1996*, suplemento de *Romana. Boletín de la Prelatura de la Santa Cruz y Opus Dei*, pp. 249-275.

mensagem, realizada no contexto da sua experiência espiritual e histórica: os acontecimentos da vida da Igreja e da Obra e, em geral, da história humana, tal como os percebia, ofereciam-lhe a matéria indispensável para o exercício da sua responsabilidade, e igualmente da sua responsabilidade para com o tesouro que Deus tinha posto nas suas mãos.

Quando pregou ao ar livre no campus da nossa Universidade, havia pouco tempo que se tinha encerrado o Concílio Vaticano II. A Constituição *Lumen gentium* proclamara, com uma solenidade sem precedentes, a chamada universal dos cristãos à santidade; por sua vez, a Constituição *Gaudium et spes* sublinhara a bondade originária do mundo e o valor do trabalho humano para se compreenderem as relações do mundo com a Igreja.

Dois temas, os das duas Constituições conciliares, que estavam já no centro da mensagem do dia 2 de outubro de 1928 e que, nos anos que se seguiram à fundação do Opus Dei, eram compreendidos por poucos. Este era o contexto eclesial imediato da nossa homilia: aquilo que, nos anos trinta e quarenta do século passado — então não tão longínquos — tinha provocado suspeitas, incompreensões e mesmo acusações de desvio doutrinal e heresia, era agora doutrina conciliar.

Em minha opinião, esse respaldo do Concílio Vaticano II e o clima da *Gaudium et spes* ajudam a compreender a linguagem e o estilo argumentativo com que o Fundador do Opus Dei abordou nesta ocasião a temática tantas vezes pregada. Esse respaldo permitia-lhe exprimir-se com uma linguagem teologicamente incisiva, quase polêmica, que sublinhava as antíteses, o que lhe conferia uma força pedagógica extraordinária, facilitando que a doutrina se gravasse firmemente nos ouvintes.

Por outro lado, aquele outubro de 1967 estava a um passo do evento cultural conhecido como «maio de 68», em que se juntou um cúmulo de utopias e desencantos. O ano acadêmico de 1967-68 foi um ano marcante. No terreno da vida eclesial, já se davam, de maneira crescente, as manifestações de uma interpretação secularista — assim a designou Paulo VI — do Concílio Vaticano II, com a terrível crise que provocou: primeiro, entre as Ordens e Congregações religiosas e, daí, entre o clero secular; derivadamente, na vida de todo o povo de Deus.

Era a época em que ressoava nos ambientes eclesiásticos de toda a

Europa a teologia anglosaxônica da secularização. Era a época em que o *Honest to God* de John A. T. Robinson divulgava essa radical secularização do Cristianismo, que seduzia significativos setores do clero e preparava o êxodo nos seminários espanhóis[22], e em que a revista *Time* dedicava uma matéria de capa à «teologia da morte de Deus»[23]. Era ainda a época do domínio marxista nas universidades europeias e do diálogo com o marxismo como único horizonte intelectual digno dos cristãos...

Se trago à baila estes dados históricos, é porque são o contexto daquilo que ouvimos no campus naquela manhã de outubro e, sem eles, passa-se

---

(22) A tradução espanhola do livro de Robinson (Barcelona, Ariel) é de 1967. O original inglês, de 1964.

(23) Vid. *Time*, 8 de abril de 1966.

sobrevoando o *humus* cultural e teológico daquela mensagem. Pregando na sua Universidade, e ao contrário do que se poderia esperar, o Grão-Chanceler não situou dialeticamente a sua homilia «em confronto» com essas falsas teologias da secularização; a sua palavra moveu-se criticamente — como já apontei — de encontro a posições de sinal oposto: em concreto, de encontro a uma «tradicional» deformação do cristão que poderíamos qualificar como clerical, sacralizante e falsamente piedosa.

Foi dessa posição dialética que Josemaria Escrivá anunciou a novidade do Evangelho. O que ofereceu naquela memorável Assembleia de Amigos da Universidade de Navarra não foi um ataque ao secularismo, mas uma profunda ótica cristã para a compreensão da secularidade. Uma perspectiva, repleta de amor e fidelidade à Igreja, que superava radicalmente, sem mencioná-los, ultrapassando-os por elevação, os posicionamentos de uma falsa secularização.

6. *Quarenta anos depois*

Passaram-se quarenta anos depois daquele evento. As circunstâncias contextuais a que acabo de aludir, que sob outros aspectos sofreram tão profundas mudanças em oito lustros, não fizeram mais do que redobrar, às vezes de maneira devastadora, a pressão secularista sobre as propostas e os valores cristãos. As graves consequências no âmbito da cultura, da família, da vida social e, em geral, do respeito pela vida humana são bem conhecidas dos senhores, que as sofrem na sua carne e na dos seus seres mais queridos. Por isso, parece inevitável esta pergunta: Como é que São Josemaria teria orientado hoje a homilia do campus?

Ter-se-ia deixado impressionar pelas vagas «globalizantes» da descristianização? Teria, em consequência, «reconsiderado» a sua «estratégia», procurando agora não tanto a plena inserção dos cristãos no mundo, mas «espaços sagrados» em que eles pudessem exercer uma espécie de «direito de asilo»? Teria olhado o templo com outros olhos, vendo nele o baluarte protetor onde instalar-se e dali fazer «incursões» pelo mundo comum para «salvar almas»?

Em rigor, com estas perguntas, formulo um futurível e, portanto, algo que em sentido próprio não tem resposta. Cada qual pode fazer a sua composição de lugar. Eu, pessoalmente, dir-lhes-ei o que penso. E o que penso é que São Josemaria não teria mexido uma vírgula no texto da sua homilia, que por alguma razão trouxe escrita da primeira à última palavra. Toda a pesquisa e estudo do pensamento de Josemaria Escrivá — que, como disse atrás, se multiplicou por ocasião do seu Centenário e da sua Canonização — vê nesta homilia um texto profético para o mundo deste terceiro milênio, o mundo do *Duc in altum*[24].

Mas não podemos esquecer um aspecto que me parece da máxima importância na nossa análise: a homilia do campus, na sua datação histórica, pressupõe a catequese cristã. Quero dizer que a exposição de São Josemaria naquela ocasião tinha em vista estabelecer o fundamento da secularidade

---

(24) Cf. João Paulo II, Carta apostólica *Novo millennio ineunte*, 58-59.

da vida cristã partindo da base de que o seu auditório tinha perfeitamente assimilados os conceitos radicais da *identidade* cristã. Por isso, não se viu na necessidade de falar do Batismo, fonte da identidade do homem na Igreja e, portanto, da vida que há de ser vivida nessa secularidade que Josemaria Escrivá queria fazer compreender. Porque o Batismo, os dons da graça, os sacramentos — todas essas realidades constitutivas do ser da Igreja e do cristão — são o pressuposto, continuamente subjacente na homilia, de todo o discurso sobre a *secularidade cristã*. A maneira que o Fundador do Opus Dei tem de fazer gravitar no campus essas realidades basilares é, como vimos, o quadro eucarístico, no qual a homilia se insere. A Eucaristia, que constitui — como ele mesmo o disse — o centro e a raiz de tudo na Igreja e no cristão, é o permanente ponto de referência de todas as reflexões que se contêm neste texto.

Isto que digo é importante para a compreensão da doutrina sobre a «unidade de vida» que a homilia nos oferece. A unificação da vida do cristão só pode provir, como é óbvio, dessa identidade cristã de que falamos: isto é, da «vida nova» que o Batismo e a graça põem em nossas almas, da nova criatura em Cristo, da filiação divina do cristão, que, filho de Deus no Filho, procura em todos os momentos cumprir a vontade do Pai. É aqui, precisamente, que se insere o momento *secular* da «unidade de vida» descrito pelo Fundador do Opus Dei na sua homilia: porque, para o cristão que vive no «mundo comum», é só a partir da sua condição de filho de Deus — empenhado em procurar a vontade do Pai — que ele poderá descobrir esse algo de santo e divino que está escondido nas situações mais comuns da vida diária.

A demolição dos fundamentos da vida cristã para a qual se inclina a cultura contemporânea faz com que haja nos nossos dias muita gente que se declara — ao menos nas pesquisas — cristã, católica, e que não possui a formação básica em matéria de fé. Este aspecto é fundamental à hora de vivenciar a homilia do campus. Sem a vida de Cristo na alma, o mundo «material» faz-se opaco e impenetrável. Para dizê-lo em termos positivos e com uma expressão do próprio pregador,

> «quando um cristão desempenha com amor a mais intranscendente das ações diárias, está desempenhando algo de onde transborda a transcendência de Deus» (n. 116b).

Mas é só partindo de Cristo e da vida da graça que se desempenham com amor as pequenas ações e o mundo comum se converte em «epifania» de Deus.

Numa palavra, para entender a secularidade cristã, é preciso ter fé em Jesus Cristo e querer viver de acordo com essa fé. Esse é o clima e o pano de fundo da homilia do campus. Por isso, os homens e mulheres de fé que vivem no meio do mundo — na *secularidade cristã* — têm como primeira exigência dessa fé e dessa secularidade falar de Deus nos diversos ambientes seculares: falar de Jesus Cristo, do seu perdão e da sua misericórdia, dos seus sacramentos. É um dever que, nestes inícios do terceiro milênio, não podemos adiar e muito menos esquecer.

Lido hoje, o texto da homilia do campus, com as suas análises e as suas propostas, mostra com efeito a extraordinária vigência daqueles equacionamentos. Hoje, a pressão a que a onda secularista submete a vida cristã faz emergir, também na sua máxima tensão, a têmpera humana e o formato espiritual que Deus quer dar — e portanto exige — às mulheres e homens dos quais fala Josemaria Escrivá. A homilia do campus discorria, antecipadamente, no clima do «*Non abbiate paura!*» que João Paulo II faria emblemático desde o início do seu pontificado e que há de envolver a nova evangelização a que fomos convocados por esse ancião juvenil que foi o Sucessor de Pedro.

Foi precisamente na canonização do Fundador do Opus Dei que João Paulo II pôs de manifesto, no próprio começo da sua homilia, este traço fundamental da doutrina de São Josemaria. Estas foram as suas palavras, que citavam e glosavam a homilia do campus:

> «Não cessava de convidar os seus filhos espirituais a invocar o Espírito Santo, para fazer com que a vida interior, ou seja, a vida de relação com Deus, e a vida familiar, profissional e social, totalmente feita de pequenas coisas terrestres, não fossem separadas, mas constituíssem uma única existência "santa e plena de Deus". "Esse Deus invisível — escrevia —, nós O encontramos nas coisas mais visíveis e materiais" (*Entrevistas com Mons. Josemaria Escrivá*, n. 114)»[25].

---

(25) Homilia de João Paulo II na Missa de canonização de São Josemaria Escrivá, Roma, 6 de outubro de 2002.

E daí o Santo Padre passava a afirmar a *secularidade cristã* a partir da *identidade cristã*, exortando a todos a «não ter medo»:

> «Elevar o mundo para Deus e transformá-lo a partir de dentro: eis o ideal que o Santo Fundador vos indica [...]. Ele continua a recordar-vos a necessidade de não vos deixardes amedrontar por uma cultura materialista, que ameaça dissolver a identidade mais genuína dos discípulos de Cristo»[26].

E o então Grão-Chanceler e Prelado do Opus Dei, Mons. Javier Echevarría, também por ocasião da canonização, trazia a lume estas palavras de

---

(26) *Ibidem*.

Álvaro del Portillo, em comentário à mensagem do Fundador da nossa Universidade:

> «Todas as profissões, todos os ambientes, todas as situações sociais honradas [...] foram agitadas pelos Anjos de Deus, como as águas daquela piscina Probática recordada no Evangelho (cf. Jo 5, 2 e segs.), e adquiriram força medicinal. Até das pedras mais áridas e de onde nada se esperava brotaram torrentes medicinais. O trabalho humano bem acabado fez-se colírio para descobrir Deus em todas as circunstâncias da vida, em todas as coisas. E isso aconteceu precisamente no nosso tempo, em que o materialismo se empenha em

converter o trabalho num barro que cega os homens, e os impede de olhar para Deus»[27].

A homilia do campus tem uma riqueza de conteúdos que aqui mal pudemos demarcar. Na realidade, a nossa análise pretendia apenas oferecer um roteiro para a leitura e reflexão deste texto memorável e, ao mesmo tempo, recordar gozosamente com os senhores, passados quarenta anos, o sentido daquela mensagem.

Termino. Faço-o com a esperança de que São Josemaria não ache demasiado inadequadas as considerações

---

[27] Homilia de Mons. Javier Echevarría na Missa de ação de graças pela canonização de São Josemaria Escrivá, Roma, 7 de outubro de 2002. A citação feita por Mons. Echevarría é de uma Carta pastoral de Álvaro del Portillo, 30-9-1975, n. 20, escrita a propósito da sua eleição para presidir ao Opus Dei.

que fiz sobre a inesquecível homilia que pronunciou no campus *da nossa Universidade*.

Direção geral
Renata Ferlin Sugai

Direção editorial
Hugo Langone

Produção editorial
Juliana Amato
Gabriela Haeitmann
Ronaldo Vasconcelos
Roberto Martins

Capa
Gabriela Haeitmann

Diagramação
Sérgio Ramalho

ESTE LIVRO ACABOU DE SE IMPRIMIR
A 29 DE ABRIL DE 2024,
EM PAPEL PÓLEN BOLD 90 g/m^2.